オレ様信長のトリセツ

井上由美 フォートロジスト

飛鳥新社

とある会社
新しく来る信長部長って、どんな人なのかな?
みつひでくん
先輩は前に同じ部署だったんですよね?
いえやすくん
彼はバリバリの超切れ者だよ。まさに戦国武将の織田信長って感じさ!
ひでよし先輩
えええっマジっすか!
たださ……信長部長がキレると地獄に落とされるから気をつけな
ヒソヒソ
ヌッ
あっ 信長部長!
ガタッ
ピョーーン

お久しぶりです信長部長！
またご一緒できて
感激至極です！　ワン♥
ワン
おう　ひでよしくんか！
相変わらず目ざといな
信長部長
あ、あの私は…みみみつひでと申しますっ
わ、私は…いえやすでございますっ
なんだってぇ？
君らは声が小さすぎて
聞こえん！
ふぅ
信長部長が来てから
毎日しんどいね…
だよね…信長部長は
ひでよし先輩には
優しいのに、なんで
ボクにだけツラく
当たるんだろう？
とぼとぼ
とぼとぼ

みつひでくんの家
ピロピロピロ…
5:00
…ったく、こんな早朝に誰だよ
ゲゲゲッ
忙しくて後回しになっていた企画書の件だ！
あの件、一体どうなってる？信長
信長部長は礼儀にうるさいから丁寧にメール書かないとな…

その日の朝
ふぅううっ
なんとか始業前に
メール送れて
よかった～！
ゴゴゴ…
ゴルァ！
ちょっと
来いや！
ガーン
ガーン なんで？
ちゃんと書いて
始業前に送ったのに…!?
ボクも以前は
君みたいに毎日
泣かされていたよ。
でも、今は
信長部長の攻略術が
わかったから
コワいものなしさ！
ガンバ
先輩！
私にもぜひ「信長攻略術」を
教えてください!!
ううっ…

なぜ信長は、激怒したのか？
苦手な相手の「圧」のかわし方

「身近に圧の強い人がいて毎日ツライ！」
「超エラソーでむかつくけど、コワくて文句言えない……」
「自分では丁寧に対応しているつもりなのに、なぜか怒られてしまう……」

会社や学校、家族、友人、知人など、あなたの身の周りにもマンガに登場するオレ様タイプの「信長部長」のような人がいませんか？

特に入社や異動、新学期など、人間関係に大きな変化が起こる時期には、オレ様タイプのいじめやパワハラ、モラハラなどに悩まされる人がどっと増えます。

そんな厄介なオレ様タイプの人を、本書では「信長」と総称しています。

この本は、マンガの「みつひでくん」や「いえやすくん」のように、**信長の圧にお悩みの方のための超実用的なお助け攻略本です。**

具体的な事例を元に、「理不尽な人からの攻撃がピタッとなくなる秘策」を手取り足取りガッチリ伝授します。


攻略術というと、「なんだか難しそう」と思われるかもしれませんが、ご安心を！

要はゲームの攻略のようなちょっとしたテクニックなのです。本書を読むだけで、誰でも「最恐のラスボス＝信長」に負けない「必殺テク」が簡単に身に付きます！

信長攻略の決め手となる「必殺テク」とは？

「オレ様信長を攻略する必殺テクって、具体的にどんなものなの？」

という方のために、先ほどのマンガを例にご説明しましょう。

みつひでくんは信長部長からの早朝メールに対して、始業前にちゃんと丁寧にメールを返信しましたよね。

それなのに、出社するなり信長部長に鬼の形相でブチキレられてしまいました。

いったい、どうして信長部長はあんなに怒ったのでしょうか？

信長の「ハートをつかむ人」と信長に「報復される人」

信長部長がみつひでくんにブチキレたのは、次の2つの理由によります。

ひとつは、「即返信」という必殺テクを押さえていなかったからです。

信長部長のようなバリバリ系のせっかちな上司は、たいてい朝早くから出社して始業前にメールチェックを済ませています。

しかも、早朝に催促メールを送りつけている時点で既にイライラフラグがピリピリ立っているので、始業前ギリギリの返信では遅すぎなのです。

信長からのメールには、返す刀で「マックス30分以内に即返信」するのが、正しい必殺テクなのです。

「でも、信長には丁寧に書かないといけないから、即返信なんてムリ……」

そう思われるかもしれませんね。実はそこに「大きな落とし穴」があります。

なぜなら、**短気な信長に丁寧な長文メールは怒りの炎に油を注ぐからです。**

信長が望んでいるのは、「①謝罪と反省」「②当初の計画とそれに対して遅れた理由」「③いつ提出するか」という3点です。

この3点を、できるだけ簡潔に短くまとめたメールを即返信すれば、信長の怒りの炎を最速で鎮火できます。

このとき、儀礼的な謝罪・反省の言葉だけでなく、「信長部長のご期待に沿えず」といったオレ様信長を立てる言葉を書き添えれば、完璧です。

それだけで、信長のオレ様ハートをくすぐるつかみはOKです。

信長攻略の決め手となる必殺テクは、ほかにもいろいろあります。

それを知っているのと、知らないのとでは、「天国と地獄」の差があります。

もしこうした攻略法を知らずに信長を敵に回すと、懲罰ノルマが課せられたり、任務からばっさり外されるなど、必ずや報復地獄に巻き込まれます。

逆に、信長攻略術を心得て行動すれば、信長はもうあなたをおびやかす恐ろしい天敵ではなくなります！

信長の攻略法を「気質学」で徹底分析！

本書でご紹介する信長攻略法のベースになっているのは、**「気質学（フォートロジー®）」***という画期的な理論です。**

気質学は占いではなく、人の気質を４タイプに分類し、それぞれの行動特性や適性を診断する分類方法です。

本書では、これを戦国武将になぞらえて「信長」「秀吉」「光秀」「家康」の４タイプに分類しています。

全ての人は、生まれつきどの気質タイプか決まっています。

気質学の統計では、日本人の約７割は光秀と家康です。

最も攻撃的な信長は、守備的な光秀と家康の天敵になりがちです。

本書は、日本人に多い光秀と家康タイプの人のために、職場や家庭、身近な交友関係にいる**さまざまな信長の攻略法を徹底分析し、すぐに使える実用テクニックを余すところなくご紹介しています。**

「そんな簡単に攻略できるの？」と不安に思われるかもしれませんが、実は信長の気質を理解して行動すれば、これほど攻略しやすい相手もいないのです。

信長を攻略できれば、もう天下無敵です。

なぜなら、**信長は敵に回すと誰よりも厄介ですが、味方につけると百人力だからです。**

信長を制することができれば、もういじめやパワハラも怖くはありません。

人間関係の問題が次々に解消し、今よりずっと生きやすくなります！

本書は、悩める多くの方々の人生に、きっと大いに役立つはずです。

＊気質学（フォートロジー®）の4タイプの分類の元になっているのは、古代ギリシアの医聖ヒポクラテスが唱えた「四体液説」と、ドイツの造形学校バウハウスの色彩学者ヨハネス・イッテンの色彩論「主観的色彩特性」です。

PART 1

ふり返るとヤツがいる！

オレ様信長の見つけ方

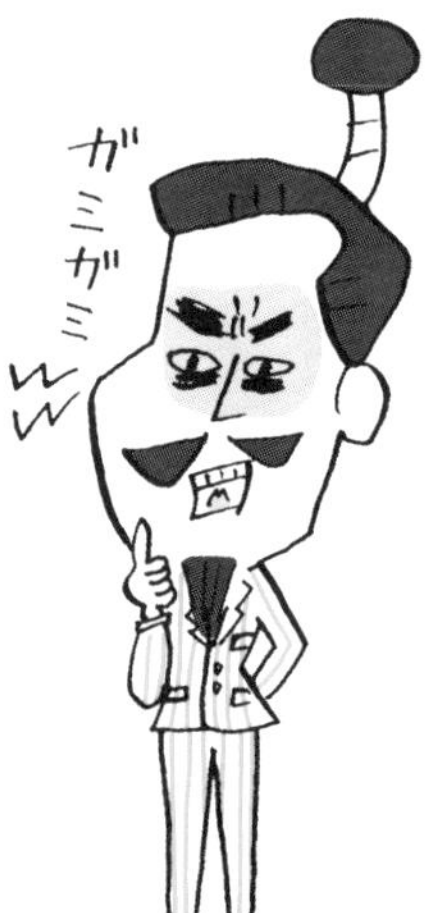

信長攻略の前に押さえておきたい４タイプの違い

あなたは何タイプ？

信長・秀吉・光秀・家康――４タイプ別診断！

４タイプには「いい面」も「悪い面」もある
「ホワイト家康」ジミにスゴい優等生
「ブラック家康」空気ばかり読む臆病者
「ホワイト光秀」パーフェクトな美意識高い系
「ブラック光秀」超ネガティブなイジケ気質
「ホワイト秀吉」超楽天的なアイデアマン
「ブラック秀吉」自己チューな人たらし
「ホワイト信長」キレキレの理論武装派
「ブラック信長」負けず嫌いな超オレ様
「ブラック信長」が苦手でもホワイト信長なら人生楽々！
「最恐の敵」を「最強の味方」に変えよう！

PART 2

敵は隣にいる！「職場」のオレ様信長攻略術

「信長攻略法3」

信長同僚がチームワークを勝手に乱して困る！

「信長攻略法4」

信長部下が生意気で言うことをきかない！

「信長攻略法5」

信長客にセールスしても全然響かない……！

PART 3

敵は身近にいる！

「家庭」のオレ様信長攻略術

PART 4

「交友関係」のオレ様信長攻略術

敵は友にあり！

PART 5

もう怖くない！
オレ様信長との上手なつきあい方

PART

1

ふり返るとヤツがいる!

オレ様信長の見つけ方

オレ様信長は必ずしも男性とは限らない！

オレ様気質の「信長」というと、あなたはどんなビジュアルを思い浮かべますか？

「大河ドラマに出てくる戦国武将っぽい感じでしょ」

「ドヤ顔でふんぞり返っている権力者のオヤジかな」

「クラスにいるジャイアンみたいなボスキャラだな」

「体育会系のコワモテ鬼コーチとかね」

――そんなオトコっぽいイメージを抱く人が多いのではないかと思います。

もちろんそれもハズレではありません。

しかし、信長タイプは必ずしも男性とは限りません。

気づいていないかもしれませんが、**信長はあなたの身近にいる「老若男女」の中に、大勢潜んでいるのです！**

信長気質は一生変わらない！

もしあなたが、「信長＝パワハラ上司」とか「信長＝モラハラ夫」というイメージを持っているとしたら、それは「信長」のごく一部に過ぎません。

現実の信長は、もっといろんな所に、いろんな姿で潜んでいます。

――例えば、おっぱいを飲んでいるかわいい赤ちゃんの中にも、初々しい幼児の中にも、セーラー服の女子高生の中にも、リクルートスーツ姿の就活生の中にも、颯爽と通勤するOLさんの中にも、若い子育てパパやママの中にも、働き盛りを過ぎた熟年の中にも、老後を謳歌するシニアの中にも、信長はゴロゴロいるのです。

気質学では、全ての人は生まれつき気質が決まっているので、信長気質に生まれついたら、死ぬまでずっと信長気質のまま変わりません。

あなたの周りにも次のページに出てくるような信長ちゃん、信長君、信長さんたちがいませんか？

実はこ～んなにいる
オレ様信長たち!!

信長ママ友

信長息子

信長ご近所さん

信長客

信長上司

信長部下

信長友人

信長夫

信長彼氏

信長妻

どこに逃げても信長からは逃れられない！

職場や学校、家庭、さまざまな交友関係の中には、年齢や性別を問わず、実にたくさんの信長たちが潜んでいます。

「上から目線のオレ様信長とはもう一緒にやっていけない！」――そう意を決して、転職したり、転校したり、引っ越したり、離婚したりしたとしても、信長からそう簡単に逃れることはできません。

なぜなら、信長は世の中のあらゆるところにいるからです。

もし新天地に逃げても、またそこで「別の信長」があなたを待ち受けています。

どんなに逃げても逃げても、信長からは決して逃れられないのです！

――でも、ご安心を！　信長から逃げなくても、うまくやっていく方法があります。

その方法とは、信長が何を考え、どう行動するかをよく理解し、先回りして対応することです。信長とうまくやっている人は、それが正しくできている人なのです。

つまり、信長攻略の第一歩は、天敵である信長の気質を知って、ベストな対応テクニックを身につけることなのです。

あなたが信長の気質を理解し、それに合わせた言動をすれば、信長からの理不尽な攻撃がピタッと止まります。

「なぜ信長はあの人には親切なのに、私にだけツラく当たるの？」という理解しがたい目にもあわなくなります。

「自分はこう思う（＝自分目線）。でも信長の気質ならこう考えるはず（＝信長目線）。それなら、こうしよう（＝信長攻略）」――というふうに、常に信長の懐に入って判断して動けば、もう決して信長の目の敵にされることはなくなります。

信長とのイタい衝突を回避できるのはもちろん、信長攻略の上級者になれば、あなたの意図する方向に信長をうまく誘導したり、信長をあなたの強力な味方につけることだって可能なのです。

信長攻略の前に押さえておきたい4タイプの違い

「信長」の気質を理解するためには、「秀吉」「光秀」「家康」の気質も理解しておかなければなりません。

これから挙げる4タイプの違いを確かめてから次のページ（P30〜31）で自分の気質をチェックしてみましょう。自分がどの気質かを理解していると、信長攻略術の精度が格段にアップします。

❶信長タイプ⇒■論理的　▲攻撃的

戦国時代にイケイケドンドンな勢いで天下獲りに迫ったカリスマの織田信長。

信長タイプは、リーダーシップ抜群で、理論もキレ味鋭く、自信たっぷり。

義理堅く面倒見のよい親分肌で、まさにオレ様な気質です。

❷秀吉タイプ⇒○感情的　▲攻撃的

信長の腹心として足軽から上り詰めて天下統一した日本一の出世魚、豊臣秀吉。
秀吉タイプは、ポジティブでオイシイとこどりがうまいちゃっかりもの。
くるくる機転のきくアイデアマンで、楽しいことが大好きな自由人です。

❸光秀タイプ⇒○感情的　▽守備的

信長の家臣の中でも超優秀だったのに、結果的に天下を獲り損ねた明智光秀。
光秀タイプは、クールでセンスがよい、美意識高い系の完璧主義者です。
賢いけれど、評価されないといじけるネガティブ気質です。

❹家康タイプ⇒■論理的　▽守備的

戦国期はパッとしなくても最後に天下を獲り、安定の江戸時代を築いた徳川家康。
家康タイプは、コツコツまじめでガマン強く、いつも控えめでおっとり。
超臆病で人一倍用心深く、安全第一の保守的な平和主義者です。

次のページで自分の気質をチェック！

次の項目の中であなたに当てはまるものに ☑ を入れてください(何個でもOK)。
☑ の合計であなたが信長・秀吉・光秀・家康のどのタイプかがわかります。
職場の人や、家族、友人、恋人など、自分の周囲の人たちも、このチェックテストに当てはめることによって、何タイプか見当がつきます。

B

- ☐ 完璧主義
- ☐ 芸術センスがあってオシャレ
- ☐ ネガティブな発言をしがち
- ☐ 機嫌が悪いと、すぐ顔に出る
- ☐ 大勢より、1人でいるほうがいい
- ☐ 人から何かをしてもらうのが好き

D

- ☐ 困っている人を見ると助けたくなる
- ☐ ファッションにうとい
- ☐ バカ正直な人が好き
- ☐ ダンドリが気になる
- ☐ 頭脳的なゲームが得意
- ☐ ノルマがあるとがんばれる

チェックテスト
あなたは何タイプ？

A

- □ 物静かで、動作がゆっくり
- □ 言われたことは、言われた通りにしかやらない
- □ 人前で目立つことは避けたい
- □ 頑固で、あまり融通が利かない
- □ プレッシャーに弱い
- □ 自分が話すより、人の話を聞くほうが好き

C

- □ みんな違っていてもいいと思う
- □ 約束を時どき忘れることがある
- □ 凹んでも立ち直りが早い
- □ カラフルでポップなものが好き
- □ その場のノリを大切にしたい
- □ 熱しやすく冷めやすい

次のページに診断結果が載ってるよ！

信長・秀吉・光秀・家康
―― 4タイプ別診断！――

A〜Dの中で、✔数の合計が1番多かったのがあなたの気質タイプです。

A が多かった人

→ **家康** タイプ

P34〜35へ

B が多かった人

→ **光秀** タイプ

P36〜37へ

C が多かった人

→ **秀吉** タイプ

P38〜39へ

D が多かった人

→ **信長** タイプ

P40〜41へ

4タイプには「いい面」も「悪い面」もある

誰でも複数の気質を持っていますが、**チェックテストでその特徴が1番多く出ていたタイプが、その人を代表する気質になります。**

1つのタイプだけに特徴が偏っている人ほど、その気質ががつんと強い人です。

例えばDの項目が断トツに多かったなら、信長度がとても高い人です。

2つ以上のタイプがほぼ同数になった場合は、信長、秀吉、光秀、家康それぞれの気質を少しずつ持っているマルチ型の人です。

気質学の統計では、日本人の約7割は光秀タイプと家康タイプです。

読者のみなさんも、この2タイプが多かったのではないでしょうか？

どのタイプにも「いい面」と「悪い面」があり、同じ信長タイプでも、状況によっていい面＝「ホワイト信長」が出たり、悪い面＝「ブラック信長」が出たりします。

4タイプそれぞれの「いい面」と「悪い面」を見ていきましょう。

ホワイト家康

ジミにスゴい優等生

人を大切にし
人をサポート
するのが
得意

控えめで
おっとり

波風立てない
平和主義者

実直な合理主義者

約束はきっちり守る

コツコツまじめで
辛抱強い

用意周到な慎重派

ブラック家康

空気ばかり読む臆病者

保守的で変化に弱い

チキンハート

慎重なガンコ者

ムッとしたらダンマリに

保身第一でリスクをとらない

しれっと聞き流す

ホワイト光秀

パーフェクトな美意識高い系

おしゃれで身のこなしも優雅

理想が高い完璧主義者

美的センス抜群

緻密で有能

クールで上品

じっくり思慮深い

人知れず努力する

ブラック光秀

独りよがり 自意識過剰

すぐ顔に出る

超ネガティブなイジケ気質

クチクセは「ても」「たって」

見た目がイケてないとアウト!

心配性で悲観的

理想だけで行動が伴わない

プレッシャーにめちゃ弱い

評価されないとイジケて逆恨み

ホワイト秀吉

超楽天的なアイデアマン

並外れた
発想力と
斜め上を行く
独創性！

ユーモアたっぷり

機転が利く

チャキチャキ機敏に動く

天真爛漫

好奇心がめちゃめちゃ旺盛

上下関係を
気にしない

ブラック
秀吉

自己チューな
人たらし

言うことなすこと
コロコロ変わる
自由すぎる
お子ちゃま

ヨイショが得意

ちゃっかり者

約束を
ちょいちょい忘れる

喜怒哀楽の気分屋

ラブ&ピースなパリピ系

言動がテキトー

一貫性なし

無計画で行き
当たりばったり

ホワイト信長

キレキレの理論武装派

頼りがいがある
親分肌。
好きな言葉は
「1番!」

カリスマリーダー

即断即決
実行力抜群

義理人情にアツい

チャレンジを恐れない

バリバリ

責任感ばっちり

エネルギッシュ

ブラック信長

上から目線
ボスキャラ

威圧感が
はんぱない

負けず嫌いな
超オレ様

言うことを
きかないヤツは
徹底的に
追いつめる

キレたら報復必至

超せっかちなオラオラ系

敵は冷酷非情に
ぶっつぶす

おせっかいな
支配者

ブラック信長が苦手でも
ホワイト信長なら人生楽々！

4タイプのホワイトな面とブラックな面を知ると、今までと見方がガラリと変わってきませんか？

「同じ信長でも、ブラック信長とホワイト信長じゃ、まるで別人！」

「ブラック信長は苦手だけど、ホワイト信長なら嫌いじゃないかも」

「ブラック信長が、みんなホワイト信長に変わってくれたらなあ……！」

もしあなたがそんな風に感じたなら、信長攻略術を身につける準備はばっちりです。

信長攻略術とは、つまるところ「ブラック信長」を「ホワイト信長」にチェンジする方法論だからです。

「でも、そんなに簡単にブラック信長がホワイト信長に変わるものなの？」

「今までずっと信長の圧に苦しんできたのに、急に変えられるはずがない……」

などと不安に思われるかもしれませんが、心配はご無用です。

なぜなら、**信長タイプの気質は非常に論理的かつ合理的なので、信長特有の理屈にさえ合っていれば実は最も操作しやすいからです。**

「ブラック信長」が苦手でも、「ホワイト信長」な面を引き出すポイントを知っていれば、あなたは今よりもずっと楽になります。

まるでオセロの駒がブラックからホワイトに一気にひっくり返っていくように、あなたの人生は劇的に変わるのです。

「最恐の敵」を「最強の味方」に変えよう！

もし信長、秀吉、光秀、家康の4タイプが同じ土俵でケンカをしたとしたら、信長が圧勝します。

4タイプ中、最も攻撃性が高い信長を敵に回しても、勝ち目はないのです。

逆に、信長を味方につければ、百万の味方を得たも同然です。

だからこそ、信長と戦うのではなく、信長を味方につけることが必須なのです。

信長攻略術の極意とは、「最恐の敵」を「最強の味方」に変えることです。

PART2～4では、職場、家庭、身近な交友関係の中に潜む、さまざまな信長たちと実際によくあるトラブルを題材に、ブラック信長をホワイト信長に変える具体的な秘策を伝授いたします。

即実践できるノウハウばかりなので、あなたの周りの信長にぜひお試しを！

PART 2

敵は隣にいる!

「職場」のオレ様信長攻略術

オレ様信長は上司だけじゃない！
同僚や部下、新人にも紛れている

PART2では、職場にいるさまざまなオレ様信長の攻略術を紹介します。
職場にいるオレ様信長というと、威圧感のあるワンマン社長やパワハラ部長の姿を思い浮かべがちですが、オレ様信長＝上司とは限りません。

一緒に入社した同期の仲間が、実はバリバリのオレ様信長かもしれません。
一見初々しい新人OLさんが、実はゴリゴリのオレ様信長かもしれません。
あるいは、取引先のお得意様や、お店にやってくるお客様が、実はギンギンのオレ様信長かもしれません。

年齢や性別にかかわらず、職場のあちこちにオレ様信長がたくさんいるのです。

上司であれ、同僚であれ、部下であれ、お客様であれ、職場のオレ様信長への対応にはとりわけ注意が必要です。

なぜなら、オレ様信長をひとたび敵に回すと、策をめぐらせて容赦なくツブしにかかってくるので、最悪の場合、職場での地位や立場が危うくなる恐れがあるからです。

リーダーシップのあるオレ様信長は、出世して権力のある地位にどんどん上っていく可能性が高いので、部下や新人だからといって絶対に甘く見てはいけません。


職場で相手がブラック信長に豹変してしまう地雷はどこにあるのか?

職場のブラック信長をホワイト信長にスイッチするポイントはどこにあるのか?

次のページからは、オレ様信長の上司をはじめ、同僚や部下、顧客のそれぞれの攻略法を伝授します。

会社のシーン別に、「いったい何がNGなのか?」「信長の正しい攻略ポイント」「こうすればより完璧!」といったテクニックを具体的に解説していきます。

ここで紹介するテクニックは、上司を学校の先生や先輩に置き換えるなど、あなたの身の周りのさまざまな信長に応用することができます。

信長攻略法

1 信長上司とのミーティングに遅刻しそう!!

ゲッ! やばっ 寝坊したっ 会議に間に合わない!
ぁあっ 部長になんていいわけしよう?! 寝坊したなんて死んでもいえねーし…
何ぃっ※ 遅刻だとぉ!?
ゴーッ
ウソも方便だっ!
信長部長
お疲れさまでございます。
昨夜から熱があり、
今朝病院で
インフルエンザと
診断されたので、
本日はやむをえず
欠勤します。
後日—
熱下がったってか? ざけんなーっ※
ひ〜っ なんで!? 何がいけなかったの?

信長上司を相手に遅刻！
絶体絶命のピンチ！　さあ、どうする？

大事なミーティングの日に、うっかり寝坊！

よりにもよって、相手は怒らせると誰よりも怖い信長部長。

ヘタな手を打てば、ただではすまないはず……。

まさか寝坊してしまったなんて恐ろしくて言えず、インフルエンザのせいにすることにした光秀くん。

インフルエンザにかかったとなれば、遅刻もやむをえないし、さすがの信長部長もまさか病人にまでは怒れないだろう――

そう踏んだ光秀くんは、信長部長に仮病を装うラインメッセージを送りました。

後日、インフルエンザ病欠を装っていた光秀くんが恐る恐る出社すると、信長部長が鬼の形相で激怒！

いったい、光秀くんは何をしくじってしまったのでしょうか？

これはNGじゃ

信長に「ウソ」は厳禁！ バレたら報復必至

信長部長が怒ったのは、ラインで返信したからではありません。光秀くんのSNSをチェックして、インフルエンザというのは「真っ赤なウソ」であることに気づいたからです。

疑い深い信長は、病気申告をしても、決してうのみになどしません。

疑わしい相手だけでなく、その近親者のSNSなどもチェックして、裏付けやアリバイを探ります。また、「後で診断書を提出して」などと証拠を要求してきます。

ごまかそうと小細工をしても、洞察力の優れた信長に即座に見破られます。

義理人情を重んじる信長上司は「裏切り」を誰よりも憎むので、ウソがバレたら、ノルマ倍増、窓際に追いやる、左遷、リストラなど、100%報復されます。

寝坊して遅刻したら、寝過ごして遅れるという**「①事実を正直に伝える」のが信長攻略の基本です。**

次に「②丁重に謝罪」したうえで、「③なぜ寝坊したのか」「④どう反省しているのか」「⑤今後どうやって寝坊しないようにするのか」というポイントを必ずセットで伝えるのが鉄則です。

この「正直5点セット」を抑えて攻略すれば、信長上司の怒りの炎もたちまちスーッと鎮火するはずです。

小賢しいウソつきより、愚直なほど素直な人間のほうが好きな信長は、「この愚か者を育ててやらねば」と、逆にかわいがってくれる面倒見のよさがあります。

これで完全攻略じゃ

遅刻しても信長にかわいがられるには？

「母が急に倒れてしまいまして」

「身内に不幸がありまして」

遅刻した際、自分が仮病を装うのではなく、家族や近親者の緊急入院や訃報を装うというのもよくあるパターンです。

ひょっとすると、あなたもご経験があるのではないでしょうか？

しかし、信長上司にはそうしたウソも通用しません。

「お母さま、大変だね。病気は何？　お見舞いに行くよ。病院はどこ？」

「身内ってどなた？　お香典を送りたいから、葬儀場の住所教えて」

まるで容疑者をジリジリ追い詰める凄腕デカよろしく、徹底的に探ってきます。

そこでウソの上塗りをすると、信長はさらに事実関係を詳しく確認してくるので、絶対に逃れられない状況にどんどん追い詰められていきます。

人一倍勘が鋭い信長は、実は早い段階で「あやしい！」と気付いていても、確固たる尻尾をつかむまで、ワザと泳がせることがあります。

それなのに必死でウソを重ねていると、「オレ様にこんなクサいサル芝居をしやがって、ゆるさん※」と、間違いなく内心キレまくっています。

●信長上司にウソをつく→矛盾点をつつかれてバレる→信長上司から報復地獄

♥信長上司に素直に話す→正直者と信頼される→信長上司にかわいがられる天国

遅刻しても小細工をせず素直に申告するのがベストなのです。

信長上司にはどんな小さなウソもご法度！
信長上司には常に正直者でいるのがベスト

信長攻略法

2 信長女性上司への贈りものは何がベスト?

光秀くんはバリキャリな信長女性上司の直属の部下。

「ああ、ホワイトデーどうしよう……。信長課長はバレンタインの時、ゴディバの高級チョコを部下全員にくれたから、ちゃんとしたものをお返しにあげないとなあ……」

同僚の家康くんは、誰もが知っている

ブランドのごく定番的なお返しを用意しているようでした。

でも、おしゃれなものが大好きな光秀くんは、「ボクは定番なんて、ダサくてありえないな」と、内心笑っていました。

光秀くんは、デパ地下やおしゃれなスイーツショップを隅々までチェックし、知る人ぞ知る気鋭のパティシエのスイーツを選びました。

「これなら、見た目もクールだし、ボクのセンスのよさを信長課長にアピールできるチャンスかも！」


ホワイトデー当日。

光秀くんが信長課長に「これはパリでも知る人ぞ知るパティシエのメゾンから発表されたばかりの逸品スイーツなんです」と包みを差し出すと――

とたんに、「カチーン」ときた様子の信長課長……！

せっかくがんばっておしゃれなプレゼントを渡したのに、いったい何が信長課長のゴキゲンを損ねてしまったのでしょうか？

これは
NGじゃ

信長に「通」ぶると即カチン
生意気認定されるとツブされる

信長課長がカチンときたのは、光秀くんが「知る人ぞ知る」とアピールしたことに対し、「ケッ、アタシは知らないけどっ」と、負けず嫌いな気質に火が点いたからです。

革新的な信長は、新しいものごとに対してはとても前向きですが、**何ごとも自分が1番でなければガマンできません。**

そのため、少しでも「私、誰よりも詳しいので」という「通」ぶった口をきくと、信長は無条件にカチンとして、「おのれ、こしゃくな！」と敵対心を抱きます。

信長に「生意気なヤツ」と認定されると、必ずツブされるので覚悟してください。

信長へのプレゼントには、誰もが知っている「一流ブランド」の中でも、「最高級クラス」のものを贈るという、ポイントを押さえておくことが大切です。

そうすれば、「よしよし、キミはオレ様を1番尊重してくれているんだな。かわいいやつめ」とゴキゲンになります。

逆に、信長は味オンチでおしゃれセンスもないので、味やセンスにこだわった逸品をあげても、まったく価値を感じてもらえません。

信長に何か献上するなら、グルメやセンスで勝負するより、一流&最高級オシで勝負するほうが圧倒的に喜ばれるのです。

これで完全攻略じゃ

合理主義の信長には「花より団子」!

信長は合理主義者なので、一流品でも機能的でない飾りものなどを贈ると、「こんな使えないものを贈るなんて、使えないヤツ※」と思います。

特に気をつけなければならないのが「花」です。職場の上司が栄転で転属したりするとき、送別の意味で花束をあげることがよくありますよね。

「花束はいかにも豪華だし、相手に花を持たせるという意味もあるから、信長も喜ぶのでは?」

そう思われるかもしれませんが、合理主義者の信長にとって、いずれ枯れて捨てなければならない花はどんなに豪華でも「ゴミ」と同じです。

たとえ上司が女性であっても、信長は信長です。

その場では「ありがとう」と受け取りますが、「どうせゴミになる生花をくれるなんて、コイツ使えないわー※」と内心舌打ちしているはずです。

どんなに豪華な花束をもらっても、社外に出たら早々にゴミ箱に捨ててしまうか、「コレ要らない?」と誰かにまるっとあげてしまいます。

信長に花束を贈るお金があれば、商品券を渡すほうが「使えるヤツ」と認定されます。

信長への贈りものは、まさに「花より団子」なのです。

●信長上司に花（非機能的なもの）を贈る→使えない認定→信長上司からツブされ地獄

♥信長上司に団子（機能的な一流品）を贈る→使える認定→信長上司に認められ天国

信長上司に何か贈るときは、この「花より団子の法則」を思い出してください。

信長攻略ポイント 2

信長上司の知らないことを、知ったかぶらない！

信長上司にはセンスオシより、「一流オシ」！

信長攻略法

3

信長同僚がチームワークを勝手に乱して困る!

信長の同僚に ふりまわされないためには？

大切なプレゼンを任された、信長くん、秀吉くん、光秀くん、家康くんの同僚４人チーム。

いち早く仕切り始めた信長くん。その態度は同僚なのに、完全に上司ヅラ。

信長くんにいいように仕切られた同僚たちは内心不満を感じつつも、チームプレイでプレゼン準備を進めました。

——さて、万全の準備で迎えたプレゼン当日。

最後のアンカー役として登場した信長くんは、みんなでまとめたプレゼン内容を、なんと自己流にアレンジして、大風呂敷を広げるようなことを堂々と宣言してしまいました！

その勝手なスタンドプレイに頭を抱える同僚たち……。

信長くんにふりまわされないようにするには、どうすればいいのでしょう？

これは
NGじゃ

チームワークという言葉は信長の辞書になし

信長は自分が1番格上だと思っているので、同じチームの同僚でも、「こいつらはオレ様より全員格下」とみなしています。

そもそも、信長の辞書に「チームワーク」という言葉など存在しません。

信長の考える組織とは「タテ社会」のみ。

目標に向かってみんなでプレゼンしていても、「トップはオレ様信長で、あとは自分の手下のコマ」としか思っていません。

「チームで和気あいあいとやろう♪」などとのんきなことを考えていると、信長に速攻で主導権を握られ、都合のいいコマにされてふりまわされてしまいます。

信長とチームプレイをするときのコツは、自分が担当したい役割に先に立候補すること。そのほうが信長のいいように役割を押し付けられなくて済みます。

その際、「私はこの中でコレが〝1番得意〟だと思うから、担当してもいい？」と、**〝1番〟という言葉を入れてお伺いを立てるのがポイントです。**

なぜなら、**1番が大好きな信長には、〝1番〟という言葉がおもしろいほどキュンキュン刺さるからです。**

「1番得意なら君に頼むよ！」と快諾してくれるはずです。

信長はサクサク効率よくものごとを進行したい性格なので、気を遣って遠慮されるより、積極的に協力してくれる人にとても好意的なのです。

信長とチームでプロジェクトなどを進めていかなければならないとき、念頭に置いておきたいのが、「Plan＝計画」「Do＝実行」「Check＝評価」「Action＝改善」のサイクルです。この中で**信長が１番得意なのはシメの「改善」です。**役割分担をするときは、信長にシメを任せておけば間違いなくゴキゲンです。

ただし、革新的な信長はシメの段階で、「今までチームでやってきたことは何だったんだ?!」と唖然とするような改革案をぶち上げることがあります。

また、プレゼンのときに独断でスタンドプレイを行うこともあります。

4タイプの中で最も勝負に強い信長は、自らの言動には確たる勝算があるので、もしそこで信長に文句を言えば、勝利を妨げる「邪魔者」と認定されます。

信長に邪魔者とみなされれば、必ずプロジェクトチームから追い出されます。しかも、策士の信長は自らの手を汚すことなく、相手が徐々にチームにいられなくなるように仕向けていくという地獄ワザを使います。

これを避けるには、**同僚であっても真っ向から信長を否定するのはNGです。**

反対意見があるなら、「信長くんの案をよりよくするための改善策を提案します」と、あくまでも信長を立てた「味方スタンス」で進言するのがポイントです。

●信長同僚に真っ向から反対意見→邪魔者認定→信長同僚にチームから追い出される

♥信長同僚を立てた改善策を提案→味方認定→信長同僚を上手に納得させられる

信長同僚に意見するときは、この「味方スタンスの法則」を行使しましょう。

自分の「1番得意」をアピるのがポイント!

否定ではなく「改善策を提案」せよ!

信長攻略法

4 信長部下が生意気で言うことをきかない！

新入社員の信長さんと家康くん。

ふたりに顧客データの一覧がプリントされた用紙を手渡して、ＰＣへの入力作業を頼んだ光秀課長。

家康くんは、素直に「はい」と用紙を受け取って、黙々と顧客データを入力し始めました。

ところが、信長さんは用紙を見るなり、怒濤の質問攻め。

「これ、私がやるんですか？　同じデータを入力するイミがあるんですか？　元データはないんですか？」

「チッ生意気な新人め……！」と内心舌打ちしつつ、再度頼む光秀課長。

「元データが見つからないから、とりあえず入力し直してほしいんだよ」

　すると信長さんはさらに――

「元データ探したほうが早くないですか？　なんなら探しましょうか？　課長のＰＣお借りできますか？　あのＰＣですか？」

「いいから言われた通りにやって！」

　光秀課長がイラッとして語気を強めると、信長さんは課長をキッとにらんで入力し始めるや、ランチにも行かずに速攻で仕上げてドヤ顔で提出してきました。

　仕事はデキるけど、生意気で言うことを聞かない信長部下と、いったいどうすればうまくやっていくことができるのでしょう？

これはNGじゃ

信長部下に頭ごなしに命令すると無能な「バカ上司」認定

信長はプライドが高い自信家なので、誰にでもできる単純作業を振ると、信長さんのような新人部下でも生意気に「これは自分がやる仕事じゃない！」と反発心を抱いて抵抗します。

信長はムダなことが大嫌いな合理主義者なので、たとえ上司の命令であっても、もっと効率のいい方法をどんどん提案してきます。

それなのに「いいから言われた通りにやって！」などと頭ごなしに命令しようものなら、それこそ無能な「バカ上司」とみなされてしまいます。

負けん気が強い信長部下に「バカ上司」認定されたら、ギンギンにライバル視され、隙あらば足を引っ張ろうとしてくるので非常にやっかいです。

これが正解じゃ
信長部下は「目的」で動き
ノルマがきついほど燃える！

信長は「目的」が明確にあると、それに向かって誰よりもがんばります。

たとえば単純なデータ入力やコピーとりでも、「このデータがあると販売戦略に役立って、売上アップにつながる」と信長に言うと、人一倍がんばって任務を速攻で遂行してくれます。信長に対しては、その**仕事の「目的」と「理由」を明確に伝えると効果抜群なのです。**

また、信長は責任感が強くリーダー気質があるので、たとえ**どんなに小さな仕事でも「担当」を与えると、がぜん張り切っていい仕事をしてくれます。**

信長は超自信家なので、簡単な仕事より、責任の重いノルマを課したほうが逆に燃えます。**遠慮なくきついノルマを課し、そっと見守るのがポイントです。**

部下にも敬意と尊重を忘れない！

たとえ新人部下でも、リーダー気質の信長にとって、上司はみんな「下剋上の踏み台」です。

部下だからと上から目線のナメた態度をとっていると、信長部下は「コイツ、いつか蹴落として上に行ってやるぜ！」と、敵対心をあらわにしてきます。

信長タイプは仕事がデキるので、今は部下でも、将来はドーンと出世して自分の上司になる可能性が十分ありえます。

そのときになって、信長の〝復讐の餌食〟にならないように、**信長には部下時代かららくれぐれも敬意を忘れないことが大切です。**

もし信長部下が「ここにいても出世できないな」と見切りをつけたら、新人でも早々に退職届を突き付けてくる可能性もあります。

信長部下を手なずけるには、命令口調ではなく、質問口調で会話し、必ず相手に答えを言わせるのがポイントです。

「期待している」というメッセージを伝えるときも、「信長さんに期待していいですか？」と、あくまでも相手を尊重した言い方にすると、「この上司のためにがんばろう！」と、期待以上に応えてくれます。

●信長部下に目的を告げずに仕事を命令→バカ上司認定→信長部下に蹴落とされる

♥信長部下に責任重大なノルマを課す→やる気倍増→信長部下が期待以上にがんばる

信長部下を上手に使うには、遠慮なくノルマを与えてやる気を引き出しましょう。

信長攻略ポイント 4

信長部下に上から目線の命令口調はNG！
信長部下に重いノルマを課すと逆にやる気アップ！

信長攻略法

5

信長客にセールスしても全然響かない……!

信長客に売り込んでも興味を示してもらえないのはなぜ？

信長のお客さんが靴を買いにデパートに来店。

実用的な黒いローヒール靴がほしい信長客は、店に入るなり店員に目的の商品の売り場を尋ねます。

おしゃれな光秀店員さんは、信長客が同じような黒いペッタンコ靴を履いているのを目ざとく見つけ、今年の流行りのカラーハイヒールをさりげなく勧めてみました。

しかし、信長客はそれらにまったく興味を示す様子がなく、憮然とした顔で店をサッサと出て行ってしまいました。

光秀店員はよかれと思って、今のトレンドの商品をおすすめしたのに……。

なぜ信長客の心を動かすことができなかったのでしょうか？

これは NGじゃ

信長客の主導権を奪うと買ってもらえなくなる

信長は常に主導権を握りたいので、たとえ初めて訪れる店でも、売り手側主導であれこれアピールされると、それだけで不機嫌になります。

信長客は買い物の目的が明確で、目的以外の品を衝動買いしないので、商品を売り込んでみたところで、ガン無視されるのがオチです。

しかも、おしゃれより実用性を優先する信長を「流行のデザイン」で釣ろうとしても、ムダな努力です。

どんなに優秀な店員でも、信長客にかかれば客のニーズを理解できない「トンチンカン店員」の烙印を押されるだけ。ますます相手にしてもらえなくなります。

信長客にトンチンカン認定されたら、二度と来店はありません。

信長客が来たら、「忠実なポチ犬」となり、呼ばれるまで「待て」の姿勢をキープし、ちょろちょろ口出ししないのが鉄則です。

信長客に「黒い靴がほしい」と要求されたら、「どんなときにお使いですか？」と信長の意向を確認するだけで、「デキる店員」と認定されます。

さらに、信長客のニーズや使用目的に見合う「スペック」と「一流感」を簡潔にアピールすると、値札も見ず、色違いで複数買ってくれたりします。

義理堅い信長は、一度その店員を気に入るとリピーターになります。他の客も連れてきたり、大切なお得意様になってくれます。

信長客は気に入れば 高額オトナ買いも！

信長客を見分けるのは簡単。堂々としていて、高級品を身に着けているのに野暮ったい客はたいてい信長客だからです。**気に入ると「高額商品購入」「大人買い」「リピーター化」しがちな信長客は上顧客に化ける**可能性が高いので逃さないように！

●信長客にトレンドアピール→トンチンカン店員認定→信長客が二度と来店しなくなる

♥信長客のニーズを尊重→デキる店員認定→信長客が高額オトナ買いリピーター化

信長攻略ポイント 5

信長客が来店したら「主導権」を握らせる！
「使用目的」を尋ねてニーズに寄り添う！

3

「家庭」のオレ様信長攻略術

家庭のオレ様信長は愛情がある分、めんどくさい！

PART3では、家庭にいるさまざまなオレ様信長の攻略術を紹介します。賢く頼りがいのあるダンナ様も、家事をテキパキこなす奥様も、かわいい盛りのお子様も、気前のいいお姑さんも、中身はビンビンのオレ様信長かもしれません。職場にいる信長同様、年齢や性別に惑わされないようにしましょう。

ただ、家庭の中にいる信長は距離感が近く、家族愛も絡んでくるので、職場にいる信長とは少し様子が違ってきます。

なぜなら、家庭の信長たちが冷酷なブラック信長と化しても、自分の家族を簡単に切り捨てるのは難しいからです。

とはいえ、小言をいわれたり、あれこれ指図されるのが大嫌いな信長に対して、「家族だから」とあまりうるさくし過ぎれば、ブラック信長に豹変し、バッサリ縁を切られることもあります。

基本的に、信長はとても面倒見がよく、義理人情を大切にするので、自分の家族に愛情があればあるほど、おせっかいを焼く傾向があります。

こうした家庭の信長特有の〝おせっかい〟に対する対応の違いが、ブラック信長になるか、ホワイト信長になるかの大きな分かれ目になります。

次のページからは、オレ様信長の夫、妻、息子、姑に対する攻略法をアドバイスしていきます。家族は毎日顔を合わせる近しい間柄だけに、対処法を間違えないことが大切です。

「夫が話を全然聞いてくれない！」
「妻のおせっかいがうっとうしい！」
「子どもが親を見下して困る……」

――そんな家族の中の信長に対するお悩みを解決するのにきっと役立つはずです。

信長攻略法

6 信長夫が話を全然聞いてくれない！

毎晩遅くに帰宅する信長夫。

「ねえ、何でこんなに遅いの？
連絡ぐらいしてくれたっていいじゃない！」

心配のあまり、つい非難口調になる妻。

「またその話？　勘弁してくれよ。
この前ちゃんと言ったよね？

オレは3月の決算まで残業続きだから、帰りがしばらく遅くなるって」

信長夫はウンザリ顔で妻に言い放ちます。

「だって、日曜も台風なのにいなかったし、パートの話とかもいろいろ聞いてもらいたかったのに……」

溜まっていたうっぷんを吐き出そうと、ここぞとばかりにグチグチと愚痴り出す妻。

「は？　台風？　パート？　オレの残業と関係なくね？」

信長夫はそれに対して、まったく取り合おうとしません。

「関係なくないでしょ！　それに今朝だってゴミ出しの時に……」

なおも愚痴が止まらない妻をスルーして、信長夫は完全にシャットダウン状態に――

なぜ信長夫は妻の話をまともに聞いてくれないのでしょう？

信長夫へのダダモレ愚痴は「アウト妻」認定

妻が信長夫に対して、「①何度も同じ問題を蒸し返す　②愚痴を延々と垂れ流す　③伝えたいことがまったく整理されていない」――という絶対にやってはいけない「失態3点セット」をやらかすと、速攻でアウト！

信長夫は愚痴だらけで脈絡のない「アウト妻」の話を聞いても、イライラが募るだけでまったく生産性がないため、できるだけ会話したくないと思っています。

信長夫がアウト妻に対してガマンできなくなってくると、だんだん帰宅拒否になり、外泊するようになります。

そのうちに浮気したりして、最終的には、別居→離婚という最悪の結末を迎えます。

信長夫にいろいろ言いたいことが溜まっているときは、「①遅くなるのは分かっているけど、連絡してもらえると安心する　②台風のときなどは不安なので一緒にいてほしい　③時間があるときにパートの悩みを聞いてほしい　④ゴミ出しに協力してほしい」と、**いったん紙に書き出して整理し、一つひとつ順序だてて話しましょう。**

その際、**非難口調ではなく、「相談口調」で話すのがポイントです。**

「これすごく困っているんだけど、どうすればいいと思う？」という相談スタンスで伝えると、教えるのが大好きな信長は喜々として相談に乗ってくれます。

面倒見がよく、戦略家の信長は、妻の相談に素晴らしい策を授けてくれたり、バシッと的確に援護射撃してくれる「最強の頼もしい夫」になります。

信長夫をうまく操る裏ワザ「オレ様満足セット」とは？

信長夫は妻に相談されるのは好きですが、基本はオレ様気質なので、家のことでも独断で決めてしまう傾向があります。

例えば、家具を買いに行っても、「サイズがピッタリだから、これにキマリだ！」と自分の意見をゴリ押しし、「他店も見よう」と言っても、聞く耳を持ちません。

信長夫は面倒なことが嫌いで、思い切りがいいので、「あれこれ見て迷うなんて時間のムダ。なんでも即断即決すべし！」と考えています。

信長夫と買い物をするときは、あらかじめ妻が店の下見をしたり、カタログを取り寄せて、好きな商品を選んでおくのがポイントです。

その写真やスペックを信長夫に見せて「この3つのどれがいい？」と、相手に選ばせるのです。

この方法なら信長夫も、**①オレ様が買い物に行く手間が省ける ②妻がオレ様を立てて相談してくれている ③オレ様の意見で決められる——という「オレ様満足セット」がすべて網羅されているので、大満足です。**

妻にしてみても、信長夫がどれを選んだところで、自分の好みのものが買えるので、互いにウィンウィンになれます。

●信長夫に愚痴をダラダラ→アウト妻認定→信長夫に無視され別居&離婚危機！

♥信長夫に理路整然と相談→信長夫が親身にサポート→最強の頼れる夫に！

この法則を肝に銘じて、信長夫には賢く立ち回るようにしましょう。

信長夫には愚痴より相談！

信長夫には感情論より理論！

信長攻略法

7 信長妻のおせっかいがうっとうしい!!

あれ? ここにあったマンガは?
邪魔だったから片付けた
なんで勝手に…あれっポテチの袋は?
ポテチ
は? ゴミかと思って捨てたけど何か?
ゴミ
食べかけだったのに〜っおせっかいすんな〜っ
ゴー
バタバタ

おせっかい焼きな信長妻をどうすればかわせる？

家事も仕事もバリバリこなすしっかり者の信長妻。

何でもキチンとしているのはいいけれど、ものすごくおせっかい焼きで、夫が少しでも散らかしていると、勝手にどんどん片付けてしまいます。

「よけいなおせっかいするなよ！」

夫が文句を言っても、信長妻は逆ギレして攻撃してきます。

「散らかすほうが悪いんでしょ※ ウチがいつもスッキリ片付いているのは、いったいダレのおかげだと思ってんのよ⁉」

――こんなおせっかいな信長妻に、勝手に何でも始末されないようにするには、いったいどうすればよいのでしょう？

信長妻の目的を妨げるものはオール「邪魔もの」！

信長妻がおせっかいにあれこれ片付けてしまうのは、部屋をきれいにするという確たる「目的」のためです。

夫にとってどんなに大切なものであっても、信長妻には関係なく、むしろ**目的の遂行を妨げる存在は、目障りな「邪魔もの」でしかありません。**

たとえ読みかけのマンガでも、食べかけのポテチでも、信長の目の前から容赦なく一掃。文句を言えば、言いまかされて逆に厳しく説教されます。

このようにあまり信長妻の邪魔をして足を引っ張り続けると、夫自身も「邪魔もの」扱いされ、ゴミのように捨てられてしまいます。

これが正解じゃ

期限付き条件を提示すれば信長妻は手を出さない

おせっかいな信長妻に、大切なものをどうしても片付けてほしくないなら、感情的に文句を言うのではなく、明確な条件を提示して交渉しましょう。

「今晩このマンガの続きを読みたいし、ポテチも夜食にとっておきたいから、このままにしておいてほしい。今晩中に全部片付けるから」

このように、「何を」「いつまでに」「どうする」という条件を提示すれば、信長妻も「いつになったら片付けるんじゃい！」とイラつくことはありません。

信長妻はとても合理的なので、「わかった。明日まで触らない」とあっさり交渉に応じ、散らかっていても、そこは「特区」として許容してくれます。

これで完全攻略じゃ

信長妻のおせっかいは条件交渉でストップ！

おせっかいな信長妻は、日常生活だけでなく、夫の人生設計にもとやかく口を出してきます。

「50代で家のローンを払い終えて、娘が大学卒業する60代前半に早期退職して退職金早めにもらって、それを資本に起業しなさいよ」

――などと信長妻に自分の人生までがっつり決めつけられたくなければ、「自分はこうしたいと思っている」という展望を日ごろから話しておくことです。

その際、「いつかのんびり田舎暮らしとかいいかもねぇ」などとふわっとした夢を語るのはNGです。

すると、たちまち信長妻に「田舎って何県？　移住のメリットや収入源は？　時期は？　子どもの学校はどうするつもり？」などと矢継ぎ早に突っ込まれます。

信長妻に夢のダメ出しをされたり、人生をコントロールされないためには、明確な計画性と、それを裏付ける数値を提示することがポイントです。

信長妻を説得できる材料をある程度準備してから話せば、「じゃあ、私もその計画が実現するよう応援する！」と、誰よりも役立つ味方になってくれます。

●信長妻のおせっかいを拒否↓邪魔もの認定↓信長妻から説教またはポイ捨て

♥信長妻に明確な条件交渉↓条件内で許容↓信長妻から役立つサポート

信長妻には明確な計画を提示して、おせっかいを賢く回避してください。

信長攻略ポイント 7

信長妻と言い争っても100％勝ち目なし！
信長妻と「条件交渉」すれば、おせっかいが激減

信長攻略法 8

信長息子が親を見下す！

あー言えばこー言う信長息子をどう説得する？

高校生の信長息子。バンド活動に没頭するあまり、ある日突然「大学受験をやめてミュージシャンになる！」と言い出しました。

息子は大学に行くものと思い込んでいた母親は、オロオロ大慌て！

「そんなミュージシャンなんて、何の保証もないじゃない！　大学に行く方がツブシがきくから」

母親は必死に説き伏せようとします。

しかし、あー言えばこー言ってアゲアシを取る信長息子は、まったく聞く耳を持ちません。

それどころか、親を完全に見下してロックスター気取り……。

いったいどうすれば、親の言うことを聞かない反抗的な信長息子をうまく説得できるのでしょうか？

これは NGじゃ

ツッコミ力が最強の信長息子 常套句など通用しない

たとえ子どもでも、ツッコミ力が最強の信長息子を甘く見てはいけません。

「保証がない」とか「ツブシがきく」といった漠然とした常套句を並べ立てても、信長息子にそんな子どもダマシは一切通用しませんから。

逆に信長息子に「それホンマかいな!?」「ちょっと何言ってるかわからない」といったツッコミをバンバン入れられて、親の方がぐうの音も出なくさせられるのがオチです。

信長息子に安易な常套句をふりかざしていると、逆に親の思考の浅さを見破られて「バカ親」認定されてしまいます。

信長息子にバカ親だと思われると、一生見下されて尊敬されません。

信長息子を本気で説得したかったら、**まず「いいね！」と全肯定し、「へえ、スゴイね！　具体的に聞かせて」と、前のめりに話を聞くのが◎。**

そうすると信長息子は、親のことを「自分を応援してくれる味方」認定するので、とたんに素直になります。

次に、「ミュージシャンを目指しながら、大学受験にも〝チャレンジ〟して受かったら、もっとスゴくない？」などと、**相手の意見を肯定したまま、さらにハードルの高い「チャレンジ」を提案します。**負けず嫌いでチャレンジ好きな信長息子にとって、より難しいチャレンジを断るなんてプライドが許しません。

信長はチャレンジのためなら、親の提案も自ら進んで受けて立ちます。

信長息子が幼いときは、「つべこべ言わず、親の言うことを聞きなさい！」とムリヤリ従わせがちです。しかし、信長息子は子どもながらに「チッ、オレの親はオレ様の話が通じないバカ親だな」と見下しています。

そのため、成長すればするほど、親の言うことには耳を貸さなくなります。

それでも親の意見を押しつけていると、「うるせえ！　もう親子の縁を切る！」などとブチキレて家出し、最悪の場合、二度と帰ってこなくなる可能性もあります。

信長息子に無理強いをせずに手なずけるには、信長息子が食いつくような〝エサ〟をまくことです。

例えば、信長息子がミュージシャンになりたいというなら、「ミュージシャンのジャンル別収入ランキングによるとね」「オックスフォード大学が発表した将来なくなる職業リストのトップ10にミュージシャンが入っていたね」などなど。

信長息子が興味を持つリアルな情報をさりげなくチラつかせると、「へえ！」と親の話に自然と耳を傾けるようになります。

信長息子の意見を強引に変えようとしても失敗しますが、本人を認めて有益情報を与えると、一目置かれるようになり、一生親孝行してくれます。

●信長息子を否定→バカ親認定→信長息子に一生見下されるか縁を切られる

♥信長息子にチャレンジ提案→親の提案に乗る→信長息子に一目置かれて一生親孝行

信長息子に親の言うことを聞いてもらうには、チャレンジ提案をしましょう。

信長息子に無理強いすると「バカ親」認定！

信長息子の意見にはまず「いいね」！

信長
攻略法

9 信長姑のおもてなしが正直しんどい!!

ピンポーン。姑から宅急便が到着。中身は姑の住む地方産の高級メロン。

おもてなしが大好きな信長姑は、ときおり思いついたように旬の果物や銘菓を送ってくるのです。

「気を遣うだけだから、かえってありがた迷惑なんだけど……。でもメロン高そうだし……お義母さんにちゃんとしたものをお返ししなくちゃ」

そう思った嫁は、姑の大好物の高級まんじゅうを買いに、わざわざ遠方の店まで出かけました。

そして礼儀にうるさい姑対策として丁寧なお礼の手紙もしたためて、翌朝には姑に返礼を送りました。

ところがその夜、姑からイライラ声で電話が！　嫁が出るや、姑がかなりゴキゲンナナメの様子……。

「光子さん、あれ届いたかしら？　ちゃんと届いたかと思って」

「はいっ、お義母さん、結構なお品をありがとうございます！　あの、今日早速こちらからもお礼の品を宅急便でお送りしましたので、明日お手元に届くと思います！　お義母さんのお好きなおまんじゅうですので、どうぞ召し上がってくださいね」

すると突然、信長姑が電話をガチャ切り！

嫁は信長姑にちゃんと心尽くしの返礼を贈り、そのことを伝えたのに……。

なぜ信長姑は激怒してしまったのでしょう？

これはNGじゃ

信長姑へのお礼は即日以外、許されない！

信長姑が嫁に激怒したのは、メロンを受け取ったというお礼の電話をその日のうちにしなかったからです。

せっかちな信長姑は、自分の厚意に対する感謝の言葉が即日返ってこなければ、そこでブチキレます。

しかも、業を煮やした信長姑から電話に、あわててお礼を述べる嫁の態度にさらにムカつき、電話を叩き切ったのです。

どんなに姑の好物のおまんじゅうとお礼の手紙を送っても、受け取った当日でなければもう「後の祭り」です。

信長姑の嫁へのアタリは、さらにキツイものになるはずです。

信長姑が贈りものをしてくれるのは、気前がよく面倒見がいいからです。

そんな信長姑が望んでいるのは、決して儀礼的なお返しの品ではありません。

贈り物を受けとるやいなや、脊髄反射的なスピードで感激の電話をかけてきてくれる、嫁からの熱い人情コールです。

「お義母さん、ありがとうございます!! たった今メロンを受け取りました。いい香りで、ほんとにうれしいです！　家族で美味しくいただきますね」

宅急便を受け取って30分以内にこれができれば、信長姑はご満悦です。

嫁を実娘のようにかわいがって、いろいろ助けてくれること間違いなしです。

これで完全攻略じゃ

信長姑の強制おもてなしはお持ち帰りでかわす

信長姑宅でおもてなしを受ける時も、太っ腹な信長姑はごちそうをどっさり作り、「若いんだから食べて」と強引にすすめてきます。苦しい顔で完食しても、食べきれずに残しても、信長姑は「ふん、口に合わなくて悪かったわね」と機嫌を損ねます。

これを避けるには、「すごく美味しいので、いただいて帰っていいですか？」とお持ち帰りの申し出を。これなら姑の厚意を尊重することになるのでゴキゲンです。

信長攻略ポイント 9

- **信長姑の贈りものへのお礼は即日必至！**
- **信長姑のおもてなし料理は進んでお持ち帰り！**

PART

4

敵は友にあり！

「交友関係」のオレ様信長攻略術

恋人や友人、ママ友にもオレ様信長がいる！

ＰＡＲＴ４では、友人や彼氏・彼女、ママ友、ご近所さんなど、身近な交友関係の中に潜んでいるさまざまなオレ様信長の攻略術を紹介します。

職場や家庭にいる信長と同様、身近な交友関係にも、性別や年齢に関係なく、信長タイプの老若男女がたくさんいます。

「クラスメイトに信長がいた！」

「幼なじみが信長だった！」

「まさか自分の恋人が信長だったとは！」

などなどＰＡＲＴ１の「オレ様信長の見つけ方」（Ｐ21〜25）を読んで、ごく親しい間柄の人も、実は信長タイプだったことに気付いたという方もいると思います。

友人や恋人をはじめ、趣味のサークル仲間やママ友、町内やマンションの近隣住人など上下関係のない交友関係においても、信長タイプはその気質から少なからず支配的だったり、おせっかいな存在になりがちです。

「友人のマウンティングがしんどい……」
「なぜかいつも恋人に振り回されてしまう……」
「ママ友たちからつまはじきにされてツライ……」
「近所の人が小うるさくて面倒くさい……」

そんな人は、信長の悪い面がダダモレになるブラック信長のスイッチをうっかり押しまくっているのかもしれません！

このPART4では、信長友人、信長彼氏、信長彼女、信長ママ友、信長ご近所さんの5つの事例をもとに、ブラック信長からホワイト信長にスイッチするノウハウを具体的にひも解いていきます。

「新しいクラスに信長がいた！」という方も、次のページの攻略術を身につければ恐いものなしです！

信長攻略法

10 信長友人とケンカした！

信長友人とケンカしたらどうやって仲直りする？

クラスで友人同士の「みっちゃん」こと光秀ちゃんと、「のぶちゃん」こと信長ちゃん。

放課後に、悩みごとをあれこれ語るみっちゃんの話をじっと冷静に聞いていたのぶちゃんは、聞き終わるやいなやズバッと言いました。

「その問題を解決するには、みっちゃんの甘えを直すしかないよ」

なぐさめてほしかったのに、思わぬダメ出しをされていじけるみっちゃん。

けれど、のぶちゃんは上から目線でなおも言い放ちます。

「みっちゃんのためを思って言ってるんだからね」

悩みごとの相談をしたはずなのに、逆に自分が責められてムカついたみっちゃんはケンカ腰で立ち去り、その態度にのぶちゃんもブチ切れ！

明日もあさってても学校で顔を合わせるのに、このままではとても気まずい……。

仲直りをするには、どうすればいいのでしょう？

これは
NGじゃ

信長友人とこじれると永遠に絶交

信長友人を相手に「悩みを話して、優しくなぐさめてもらいたい……」などという甘い期待は、間違っても抱いてはいけません。

信長にとって、「悩み」＝「解決すべき課題」です。

課題解決のためには、たとえ友人だろうとソンタクしません。

歯に衣着せぬコトバで本音をズバズバぶつけてきますし、友人へのダメ出しをバンバン容赦なくしてくることもあります。

それに耐えきれずに信長友人とケンカすると、信長友人からは絶対に謝ってきません。**こじれて冷戦が続くと、一生絶交したまま友情は１００％回復しません。**

信長友人のコトバに腹が立っても、そのコトバの真意を冷静に考えましょう。

なぜなら、観察眼に優れた信長の鋭い指摘は、実はあなたの悩みの問題点をえぐる真実をズバリ言い当てているからです。

信長はあなたのことを憎からず思っているからこそ、**嫌われるリスクも承知で苦言を呈してくれているのです。**

まさに、肝が据わった信長ならではの「嫌われる勇気」です。

信長友人ともめたら、**「確かにその通りかもしれない。指摘してくれてありがとう！　怒ってしまってゴメンなさい」と、できるだけ早く謝りましょう。**

あなたが素直に謝れば、信長は一切を水に流し、即座に通常モードに戻ります。

これで完全攻略じゃ

信長友人のマウンティングには「テヘペロ作戦」！

信長は疑い深いので、誰とでも友人になるワケではありません。

ＳＮＳでも信長タイプは友人の数がそれほど多くはありませんし、合理主義者の信長は、「役に立たない友人などむしろ切り捨てたい」とすら思っています。

ＳＮＳのフォロワー数を競って誇っている人のことも、「バッカじゃないの？」と内心蔑んでいたりします。

ただ、オレ様気質の信長は、ＳＮＳで「オレってスゴイっしょ」的な投稿をやたらとしている人に対しては、「ケッ、こしゃくな！」と内心快く思っていません。

たとえ悪気はなくても、ＳＮＳで「あたしって素敵でしょ」的なリア充アピールな投稿をしていると、負けず嫌いの信長友人の癇《かん》に障って、マウンティングのターゲットにされる危険性があります。

「コイツいい気になって、ぶっつぶしてやる!!」と、たとえ友人でも、オレ様信長は徹底的にマウントをとろうとします。

信長友人と平和な友好関係を保ちたいなら、一段オトナになって、「敵《かな》わないなあ」とテヘペロ顔でオレ様信長にマウントをとらせておくのが賢明です。

そうすれば、信長友人はあなたの強力な味方になってくれます。

●信長友人にケンカ腰↓絶交↓信長友人と永遠の断絶

♥信長友人に即謝る↓信長友人がケロリと機嫌回復↓信長友人が強力な味方に

一歩引いた「テヘペロ」があなたを守ってくれます。

信長攻略ポイント 10

信長友人とケンカしたら、即謝る！

信長友人には必ずマウントをとらせてあげる！

信長
攻略法

11 信長彼氏のデート日にダブルブッキング!!

なんでもぱっぱと勝手に決めてしまう信長彼氏。

太っ腹で男前だけど、オレ様オーラがすごくて、彼女は信長彼氏になかなか自分の本音が言えません……。

「来月頭もキャンプ行くから、週末は予定空けといてね」

アウトドア好きな信長彼氏は、休日と

いうと野外でのキャンプやバーベキューに誘ってきます。

しかし、実は虫が大の苦手な彼女。

野外のレジャーにはあまり行きたくないというのが本音です。

しぶしぶ彼に付き合ってはいますが、虫が気になって正直あまり楽しめません。

――そんなある日、週末のスケジュールをチェックしていた彼女が、突然絶句しました。なんと、大好きなアーティストのライブの最終日が、彼氏と約束していた週末のキャンプデートと思いっきりバッティングしていたことに気付いたのです。

めったにライブをしないアーティストなのでどうしても行きたい彼女。

でも、信長彼氏と1か月も前から約束して準備を進めていたキャンプを、「もっと他に行きたいところがあるから延期して」とドタキャンするなんて、とてもじゃないけど言えません……。

彼女は信長彼氏になんと釈明すればよいのでしょう？

これは
NGじゃ

信長彼氏を一度でも裏切れば
かわいさあまって憎さ百倍

勘のいい信長彼氏に対して、小手先のゴマカシや小細工は一切通用しません。

もし彼女がごまかしてデートをキャンセルし、こっそりライブに行っても、洞察力の鋭い信長彼氏には必ずバレてしまいます。

裏切りが大嫌いな信長彼氏は、自分にウソをついてまでデートをドタキャンした彼女を「裏切り者」と認定します。

義理人情を大切にする信長彼氏は、裏切り者の彼女を絶対に許しません。

「かわいさあまって憎さ百倍」となり、そんな彼女とは絶対に結婚しませんし、別れることになったり、状況によってはモラハラやDVに発展することも……。

どんな小さな裏切りもＮＧなので、信長彼氏のいる人はご注意を！

信長彼氏には「意見を言いにくい……」と思われがちですが、実は逆です。**信長彼氏は「理屈」で納得すれば、無理強いはしないからです。**

例えば、「実は虫が苦手なの」と理由を正直に言えば、面倒見がいい信長は野外でしっかり虫よけ対策を講じてくれます。

うっかりダブルブッキングした場合も、「スケジュールを間違えてゴメンね。ライブの日はずらせないから、キャンプを来週に延期できる?」と理由を言って謝れば、「なるほど、じゃあ来週行こう」と予定変更にあっさり応じてくれます。

彼がライブに興味がなくても「オレは行かないけど、行っておいで」と譲ってくれます。信長は理屈で納得すれば、むしろサクサクものわかりがいいのです。

信長彼氏は目的や時期が明確な提案はウェルカム

信長彼氏というと、オレ様感ビンビンで常に彼女をふりまわしていると誤解していませんか？

実際は、常に信長彼氏ばかりデートの提案を考えるのは「正直面倒だなぁ」と思っていたりします。

理屈の通らない漠然としたワガママはスルーされますが、**「①目的　②時期　③場所　④やりたいこと」の４点が明確なデート提案なら、信長彼氏は大いにウェルカムです。**

「私はこれが好きだから、いつこんな所に行って、あんなことをしたいな！」

もし彼女からそんな提案があれば、信長彼氏は「なるほどわかった！」と快く聞き入れてくれるはずです。

信長彼氏は面倒見がいいので、愛する彼女の望みをできるだけ叶えてあげようと必死にがんばってくれます。

しかも、信長彼氏は計画性に長《た》け、実行力が非常に高いので、彼女の提案を効率よく実現する具体的な計画を手早く立ててくれます。

●信長彼氏を裏切る↓「裏切り者」認定↓別れる・モラハラ・DV……

♥信長彼氏に具体的なデート提案↓納得↓希望をサクサク叶えてくれる

信長彼氏には遠慮せず、自分の意見をはっきり言うほうがよいのです。

信長攻略ポイント 11

信長彼氏にはどんな小さな裏切りもご法度！

信長彼氏には積極的にデート提案を！

信長攻略法

12

信長彼女から急に連絡がこなくなった！

なぜ信長彼女は機嫌を損ねたのか？

「このお店の有名な特製アフタヌーンティーが食べたい」と、信長彼女さんが前から言っていたカフェをネットで予約した彼氏の光秀君。

デート当日、光秀君はさりげなく信長彼女さんをそのカフェにエスコート。

ところが、看板メニューの特製アフタヌーンティーをオーダーすると、店員さんが申しわけなさそうに謝ってきたのです。

「HPにも書いておりますが、1日10食限定なので売り切れてしまいまして」

「えっ、看板メニューなのに、ないの⁉」驚いて店員に恨み言をいう光秀君。

一方、信長彼女さんは「じゃあ私はパンケーキでいい」と至って冷静でした。

――翌日。信長彼女さんにラインメッセージを送ると、まさかのブロック状態！

昨日のデートは看板メニューの売り切れ以外、雰囲気は悪くなかったはず。

なぜ信長彼女さんは機嫌を損ねてしまったのでしょうか？

これは
NGじゃ

人のせいにすると「コイツないわー」烙印

信長彼女さんが連絡してこなくなったのは、彼氏が店のHPに1日10食限定と書かれていたのに予約時に確かめもせず、すべて店のせいにして「自分は全然悪くない」という顔をしたからです。

ラインをブロックされたのは、そんな光秀くんの態度が原因だったのです。

信長は、己の失敗を「人のせい」にするズルい人間を心底軽蔑します。

どんなにその人のことを愛していたとしても、人のせいにするみっともない姿を見せられると、百年の恋も一気に冷めてしまいます。

ムダを嫌う信長は、「コイツないわー」という烙印を押した相手とは、それ以上関わっても時間のムダと考え、関係性をバッサリ切ってきます。

これが正解じゃ

失敗しても自己反省すると信長はあっさり許す

責任感の強い信長は、もし自分が失敗しても人のせいにはしません。自分も他人も、失敗を糧にして二度と失敗しないように努めるべきだと考えています。

もし彼が信長彼女さんに「予約した時にＨＰを確認しなかったボクが悪いね。期待させておきながら、がっかりさせて本当にゴメン。今度からはＨＰをよく見て、店にもちゃんと確認してから予約するようにするよ」と言っていれば、逆に「コイツデキるわー」と信長彼女さんも惚れ直していたでしょう。

もし信長の前で何かミスったら、

「①原因を正しく理解　②自身の非を反省　③ミスらないために今後どうすべきか」

——という３点セットを押さえた対応をお忘れなく。

これで完全攻略じゃ

信長彼女と円満になるコツは共通目的を持つこと

信長彼女は恋人と別れた時点で、「もう関係ない」とスパッと割り切るので、二度と連絡してこなくなります。

一度別れたら、元カレに感情的に執着することもありません。

2人の写真や思い出の品をとっておくこともなく、サッサと処分します。あとくされがない分、いったん別れたら、もう一度やり直したいと思っても、復縁はまず難しいでしょう。

信長彼女と仲良くするコツは、①ふたりの共通目標を掲げ、②目標を達成するための計画を立てることです。

「週末は一緒にＢＢＱをしよう。どんな食材が必要か考えよう」

「今度の夏は一緒にハワイに行こう。それまでに旅行の計画を練ろう」

そんな風に、共通目的に向かって二人三脚で取り組んでいく道筋を提案するのです。

信長は「目的」があると、それが燃料となり、目的達成に向けてモチベーションが上がります。

ちょっとマンネリになってきている場合も、ふたりで達成する共通目的という燃料を投じることで、関係性をリフレッシュできます。

●信長彼女の前で人のせいにする→コイツないわー→フラれる
♥信長彼女に自分の非を認めて反省→コイツできるわー→信長彼女が惚れ直す

信長彼女の前では必ず自分の非を認めるのが賢明です。

信長攻略ポイント
12

信長彼女の前で「人のせい」にしない！

信長彼女と「共通目標」を持つと円満に。

信長攻略法

13 信長ママ友の「圧」がキツイ！

どうすれば信長ママ友の「圧」をかわせる?

学校行事のお手伝いで集まったママ友たち。いそがしい作業の合間に、1時間だけ近くのファミレスに行くことになりました。

お店に入るやいなや、信長ママ友さんは、店員さんに「1番早く作れるメニュー」を尋ねて「本日のランチセット」に即決定。

家康ママ友さんもせっかちな信長ママ友さんに同調し、慌てて同じものを注文。

けれど、秀吉ママ友さんと光秀ママ友さんは、グラタンやら煮込みハンバーグやらパエリアやら、やたらと時間がかかりそうなメニューに目移りしている様子。

すると、信長ママ友さんから「時間ないから、1番早い本日のランチセットでいいでしょ※」というツルの一声が飛び、みんな仕方なく同じメニューに……。

子どものこともあるし、ヘタに反論して目の敵にされるのも……。

いったいどうすれば信長ママ友の「圧」をかわすことができるのでしょう?

これはNGじゃ

信長ママ友＝「ママボス」歯向かえば「ママ敵」認定

ママ友仲間の中に1人でも信長ママ友がいると、和気あいあいのフラットな関係にはまずなりません。必ず信長ママ友が「ママボス」として君臨するタテ型の関係性になります。

それ以外のママたちは、何でもボスの信長ママ友が仕切りまくる支配下で、手下のようにあれこれ命じられることになります。

もしそれに反発して、**信長ママ友に面と向かって批判したり、イヤミを言ったりしようものなら、信長ママ友に即座に「ママ敵」認定されて攻撃対象に！**

信長ママ友の支配力は絶大なので、目の敵にされたママ友はだんだん居場所がなくなり、いやおうなく孤立する方向に追いやられていきます。

信長ママ友を「ヨイショ」すると
グループがビシッとまとまる！

後先なく時間のかかるメニューを頼もうとしているママ友たちに、嫌われるのも恐れず発言した信長ママ友は、実はグループに必要な存在です。

なぜなら、**上下関係のないママ友グループの中で、意見がなかなか一致しないママ友たちをビシッと束ねる統率力があるのは、信長ママ友だけだからです。**

信長ママ友をリーダー役に据え、「信長ママ友さんのおかげで何でも早くできて本当にありがたいわ〜！」とヨイショしておけば、信長ママ友もそれに応えようとして一生懸命に働いてくれます。

まとまりにくいママ友グループの統率をはかるには、信長ママ友をおだててうまく使うのが得策です。

これで完全攻略じゃ

信長ママ友にはポジティブな提案を！

「ボスの信長ママ友はコワくて、とてもじゃないけど意見なんてできない……」

という人もいるかもしれませんね。

信長ママ友に意見する際に注意すべき点は、信長ママ友を否定するような「ネガティブ」な意見を絶対に言わないということです。

逆に、**よりよくするための「ポジティブ」な意見は大歓迎してくれます**。

例えば、限られたランチタイムに好きなものが食べたかったら、「ランチに出る時間がもったいないから、おうちで食べましょう。出前を予約しておかない？」と提案してみましょう。

そうすれば、時間の節約が大好きな信長ママ友は喜んで乗ってくれます。

あるいは、信長ママ友が「あなたはこれやって、あなたはあれやって」とバンバン仕切ってきて困る場合は、仕切られる前に「役割分担を公平にするために、みんなで調整しない？」などと提案してみましょう。

信長ママ友は高圧的に見えがちですが、決して自分の意見を押し通したいだけの駄々っ子ではありません。

問題解決のためのポジティブな意見には、驚くほど前向きに取り組んでくれます。

●信長ママに反発↓ママ敵認定！↓ママ友グループから孤立させられる

♥信長ママ友をヨイショ↓超ゴキゲン↓ママ友グループがまとまる

信長ママ友に反論してママ敵認定されないようにご注意を！

信長攻略ポイント 13

信長ママ友を否定するネガティブ意見はＮＧ！
信長ママ友にはポジティブ提案が効く！

信長攻略法

14 信長ご近所さんのクレームがウザい!

同じマンションの理事を務めている信長ご近所さん。

顔を合わせれば、マンションの住人たちに対していつも小言の嵐……。

「お宅の植木の葉っぱがうちのベランダに飛んできて迷惑してるんですけど!」

「エレベータの中に犬がオシッコをして臭いから、飼い主さんは早く消毒して!」

「ゴミ捨て場にペットボトルを分別せずに捨てている方、どなたですか？　ちゃんとルールを守ってくださいよね！」などなど。

マンションの理事会でも、管理会社の担当者がタジタジになる勢いでクレームをガンガンぶつける信長ご近所さん。

「エントランスの電灯が切れて3日も経つのに、なんですぐに交換しないの？　暗いと足元が見えなくて危ないし、防犯上もよくないじゃない！　住人の私たちは毎月高い管理費払っているんですからね！」

いつも小言の最後に、信長ご近所さんはキメ顔でピシャリとこう言い放ちます。

「あなたね、そんなの人として当たり前のことでしょ‼」

こんなに小うるさい信長ご近所さんとうまくやっていくには、いったいどうすればいいのでしょうか？

これは
NGじゃ

信長は礼節を重んじるので ルール違反はご法度！

信長は礼節を重んじるので、ルール違反をすると、絶対にそのまま見逃してはくれません。

小言に対して反論しようものなら火に油を注ぐだけ。かといって「同じ敷地内に住んでいてややこしいから関わるのをやめよう……」などと無視して知らん顔していると、逆に目を付けられてしまいます。

信長ご近所さんのマークが一段と厳しくなり、今まで以上にややこしいことになりかねません……。

ことあるごとに犯人を見るようなまなざしを向けられ、ビクビク暮らさなければならなくなるかもしれません。

これが正解じゃ

信長ご近所さんを押さえるコツは「生きざま」リスペクト

信長の行動には必ず目的があります。**信長ご近所さんが口うるさいのは、意地悪だからではなく、マンション全体の秩序を保つという「目的」のためです。**秩序を乱すルール違反をしている人を正すために、自ら悪役を買ってでも、注意してくれているのです。これは誰にでもできることではありません。

人としての生き方や仁義を重んじる信長は、ルールを守ることは「人として当たり前」の仁義であると考えています。

「人として素晴らしいですね。尊敬します」と生きざまをほめたたえると、信長ご近所さんは心をぐっとつかまれ、一目置いてくれるようになります。

信長ご近所さんと仲良しになれば鬼に金棒！

信長ご近所さんを敵に回すと面倒ですが、仲良しになれば、ご近所トラブルの際も、信長ご近所さんが「任しとけ！」と助け船を出してくれたりする心強い味方に！

●信長ご近所さんを無視→目を付けられる→マークがより厳しくなる

♥信長ご近所さんに敬意→人として一目置かれる→いざという時に助け船

信長ご近所さんを持ち上げつつ、適度な距離を保ってお付き合いしましょう

信長攻略ポイント 14

- **信長ご近所さんを無視すると目を付けられる！**
- **信長ご近所さんに敬意を示すと頼れる味方に！**

PART

5

もう怖くない！

オレ様信長との上手なつきあい方

信長タイプと各タイプの相性はそれぞれ違う！

ここまで、職場、家庭、交友関係におけるさまざまな信長に対する有効な対処法についてお話ししてきました。みなさんも信長攻略のコツをかなりご理解いただけたのではないかと思います。

PART5では、信長・秀吉・光秀・家康の4タイプの気質にスポットを当て、信長に対する各タイプ別に異なる信長攻略術をご紹介します。

「どうして信長部長は、部下の中でも秀吉君ばかりかわいがるんだろう？」

「なぜ信長タイプの母は、同じ兄弟姉妹の中でも光秀タイプの私にだけ冷たく当たるんだろう？」

「信長先生は家康タイプの私を信頼していろいろお世話してくれるけど、正直、もう少し距離をとりたいなあ」

「友人とは信長同士だから気が合うけど、なぜか時々イラッとしてしまう」

理不尽な不公平感や疎外感、距離感、嫌悪感、焦燥感、すれ違い、いら立ち――信長に対してこうしたさまざまな違和感を覚える人が多いのは、各タイプの気質によって信長との相性のよしあしがそれぞれ異なるからです。

相性を知ることで、そうした違和感を緩和するのに役立ちます。

特に信長と相性がよくない気質タイプの人は、自分の身の回りの信長たちへの対処法を誤らないことで、信長との関係性を格段によくできます。

次のページからは、「信長VS秀吉」「信長VS光秀」「信長VS家康」、そして「信長VS信長」の相性のよしあしをご紹介します。

相性を把握することで、それぞれの攻略ポイントが明確にわかります。

P30～32のチャートを使って、再度自分のタイプを確認し、4タイプ別の信長攻略術を身につけましょう。

信長 VS 秀吉

親分な信長と忠犬の秀吉 2人の相性は抜群！

信長と秀吉は、互いにとても相性がいい関係性です。

歴史的に見ても、信長は秀吉を下っ端の足軽時代からかわいがって重要なポジションに抜擢し、秀吉も誰よりも忠実で優秀な家臣としてそれに全力で応えて大出世を遂げました。

面倒見がよい親分肌の信長タイプは、無邪気な仔犬のように全力で相手の懐に

飛び込んでくる秀吉タイプを本能的に「かわいい♥」と好意的に感じます。

上下関係をまったく気にしないフラットな精神の秀吉タイプは、信長のように「1番」に全然こだわらず、感情表現も豊かなので、「信長さんはやっぱ最高っすね!!」と大絶賛しがちです。

疑い深い信長も、秀吉の手放しの賞賛にはぐっと心をつかまれ、ますます秀吉をかわいがるというラブラブの蜜月関係になります。

ただ、秀吉タイプは上下関係にこだわらないがゆえに、「信長さんもすごいけど、光秀さんも、家康さんもすごいよね!」などとケロッと言うことがあります。

そうすると、「1番が命!」な信長タイプは、とたんにゴキゲンななめになってしまいます。

信長タイプは自分が常に1番でないと我慢できないので、たとえ二枚舌であっても、「信長さんが1番!」とヨイショするのが得策です。

信長の機嫌を損ねたら速攻で頭を下げる！

秀吉タイプは喜怒哀楽がとても激しい傾向があるので、いっときの感情に任せて信長を裏切るような言動をすると、信長の逆鱗《げきりん》に触れるので気をつけましょう。

人一倍プライドが高く、人に頭を下げるのが我慢ならない信長は、一度機嫌を損ねると、自分から折れてくることはまずありません。

一方、上下関係を気にしない秀吉タイプは、人に頭を下げることがまったく苦ではありません。

もし、「信長を怒らせたかも!?」と思ったら、何が悪かったのかを反省しつつ、自分が悪くなくても、すぐに「大変申しわけございません!!」と頭を下げまくりましょう。

そして、今後二度とこんなことはしないと誓うことで、信長ゴキゲンななめ問題の早期解決を図ることができます。

もし職場で秀吉タイプの下に信長タイプの部下がいたら、アイデアが豊富なだけで計画性のない秀吉上司を信長部下がバカにして、言うことを聞かなくなる可能性があります。

信長タイプの部下には、どんなに小さなプロジェクトでも「リーダー」としての役割を与えると、張り切っていい仕事をしてくれます。

信長VS光秀

イケイケ信長とネクラ光秀
気質が真逆で相性が最悪！

論理的で攻撃的な信長タイプと、感情的で守備的な光秀タイプは、真逆の気質なので、互いに相性がよくない関係性といえます。

歴史的にも、信長の家臣の光秀は、非常に有能であったにもかかわらず、秀吉のようにかわいがられることはありませんでした。

むしろ信長に冷たくされた光秀は、「本能寺の変」で信長に反旗を翻し、裏切者として非業の最期を遂げました。

ただ、信長タイプも光秀タイプも、4タイプの中では「成熟したおとなの気質」を持っており、いずれも独特のカリスマ的な威厳があります。

そのため、信長タイプが光秀タイプと勘違いされたり、光秀タイプが信長タイプと勘違いされることがしばしばあります。

しかし、ちょっと観察すれば、ポジティブで美意識が低く、イケイケどんどんな信長と、ネガティブで美意識が高く、じっとりネクラな光秀の違いは明白です。

ポエムではなく まず「目的と結論」を！

論理的で効率性を重視する信長タイプは、理論よりも感性が優位な光秀タイプの理路整然としないふわふわした話し方に、しばしばイラッとします。

光秀の繊細で美的な世界観が理解できない信長は、光秀のポエムのようなＳＮＳの書き込みも「けっ、めんどくさ！」とスルーしてしまいがちです

光秀タイプが信長タイプとうまくやっていくためには、まず「いつ・どこで・何を・どうしたいのか」という目的や結論を具体的に言うように心がけましょう。

美意識が非常に高い光秀タイプからすると、信長タイプの美意識の低さに、「いくらなんでもコレはないわー」と閉口していることがままあります。

そのため、お世辞にも「いいね！」と賞賛したりはしません。

むしろ、「信長ってダサ過ぎ！」と心の中で密かに軽蔑していたりします。

すると、信長は勘がいいので、光秀の冷ややかな目線や態度を見逃さず、「あいつはこのオレ様をバカにしているな！」と目の敵にすることがあります。

光秀タイプが信長タイプとうまくやっていくためには、どんなに信長の見た目がイケてないと感じても、信長を意識的にほめることです。

「あなたが1番！」と手放しに賞賛されると上機嫌になる信長は、美意識が高い光秀に「最高ですね！」とほめられると、ことさらうれしく感じます。

信長 VS 家康

互いに合理主義同士だが
信長の圧に弱い家康

互いに論理的な信長タイプと家康タイプの相性は、悪くありません。
ただ、攻撃的でアグレッシブにふるまう信長に対して、家康は守備的で何ごとも控えめにふるまうので、立ち位置が違ってきます。

信長タイプは、「自分ができることは、他人もできる」と思っており、「目的達

成のためには、限界までバリバリがんばるべき」という信念を持っています。

一方、家康タイプは言われた以上のことはやらないので、信長にプレッシャーをかけられるとビビって固まってしまったり、逃げてしまう可能性があります。


もし、信長の部下が家康タイプだったとします。

家康タイプは文句ひとつ言わず、指示されたことを過不足なく実直にこなすのが得意なので、信長上司から「使えるアシスタント」として信頼されます。

ただ、いつも指示されたことしかしないと、信長に「あいつはしょせん、右から左に移すだけしか能のない〝コピペ人間〟だな」となめられます。

革新的な提案が好きな信長には、ときには指示されたこと以上の提案を自発的にすると、より高いポジションに引き上げてもらえるチャンスが増えます。

信長 VS 信長

信長同士はバッチバッチ衝突！

「類は友を呼ぶ」ということわざがあるように、同じ気質のタイプ同士は相手の気質が理解できるので、基本的に相性がいいといえます。

目的意識が高く、計画的で実行力抜群の信長タイプ同士は、同じ目的を共有すると、そのミッションを完遂すべくがっちりタッグを組んで、最速で高い成果を上げることができます。

しかし、信長タイプの根底にあるのは「自分が1番」というオレ様気質です。短期的には共存し合えても、同じ部署や同じチームで、複数の信長たちが長く共存することは困難です。

「オレ様が1番だ！」

「いや、オレ様こそ1番だ！」

互いにトップを狙いたい信長同士の勢力争いや、激しいつぶし合いが必ず勃発します。

信長タイプ同士の経営者が共同で起業しても、最終的にはトップ同士が争うことになって決裂してしまうことが多いのはそのためです。

もし他の気質の人が信長同士の争いに巻き込まれてしまうと、どちらに味方しても、味方しなかった相手に攻撃されてとても面倒なことになります。

こうした**争いを避けるためには、信長同士をワンチームにせず、別々のチームの担当者にするような配慮が必要です。**

信長の中に、別の気質を持っているタイプの対処術

どんな人でも、信長、秀吉、光秀、家康の4タイプの気質が大なり小なり混じりあっています。

P30〜32のチェックテストで1番強かった気質がその人のタイプになります。

基本的には、信長度の高い人ほど、信長の気質が顕著に表れます。

ただし、例外があります。たとえば信長の気質の次に多かった2番目の気質が光秀だったとします。するとちょっと調子が悪いときなどに、信長タイプの次に強い2番目の光秀の気質が出てくることがあるのです。

そうすると、「なんだか、この人いつものイケイケドンドンな信長と違ってネガティブだな……。どうしたんだろう？」と違和感を覚えるはずです。

信長の中に別の気質を持っているタイプの対処法は次の通りです。

「信長タイプだけれど、2番目に秀吉タイプが強い人」は、いつもは論理的で冷静なのに、自分の考えに合わないことがあると、感情的な秀吉の気質が出て、急にブチキレてわめいたりすることがあります。

信長の中に秀吉もいるタイプが不機嫌な時にうまくなだめるには、相手に有利な報酬や人脈など、目に見えるわかりやすい利得を伝えましょう。そうすると、コロッと機嫌がよくなります。

「信長タイプだけれど、2番目に光秀タイプが強い人」は、大きな目標に向かってバリバリ挑戦しようとする信長らしい面がある一方、リスクにビビるネガティブな光秀タイプの気質が足を引っ張ることがあります。

信長の中に光秀もいるタイプをうまく動かすには、「あなたのその複雑な気持ち、よくわかります」と理解を示し、フォローしてあげるとがんばってくれます。

「信長タイプだけれど、2番目に家康タイプが強い人」は、どちらも合理主義で計画性が高いので、目的に向かって着々と邁進します。信長も家康も感情に簡単に左右されないので、ときには人をバッサリ切り捨てる冷徹さも見せます。

ただ、自分の力が追い付かなくなってくると、逆境に強い信長とはいえ、慎重で消極的な家康の気質が出てきて行動が伴わなくなってきます。

信長の中に家康がいるタイプの勢いが落ちているときは、重要なポストを与えると、そこに向かって成長しようと努力してくれます。

信長タイプ以外の人の中にも「リトル信長」がいる!?

もしあなたが信長タイプでなくても、2番目に信長の気質が強い人は要注意です。なぜなら、ときとして信長スイッチが入ると、オレ様信長の顔がチラッと出て、周囲をドン引きさせることがあるからです。

秀吉タイプだけど、信長気質もある人は、普段は感情豊かで、「みんな自由で平等だよ〜♪」と言っていますが、信長スイッチが入ると、急に「何で私の言うことが聞けないの!?」などと、オレ様な面が出てしまうことがあります。

光秀タイプだけど、信長気質もある人は、普段は自分からぐいぐい出ていくことはしませんが、信長スイッチが入ると、急に「私って、ほんとはスゴいのよ」といった自己アピールをしてオレ様自慢をしてみせたりすることがあります。

家康タイプだけど、信長気質もある人は、普段は保守的で控えめにふるまっていますが、信長スイッチが入ると、急に「あなた、いい加減にしてくれない！」などと攻撃的になってくることがあります。

このように、自分の中に「リトル信長」がいる人は、信長スイッチが入ると急にキャラ変するので、周囲から印象が悪くなります。特に不機嫌なときは、「今、自分はひょっとしてオレ様信長化していないか？」と自戒するようにしましょう。

次のページでは、おさらいとしてさまざまな信長の攻略法をまとめました。

コレだけは押さえておきたい「信長攻略」のまとめ

信長上司の攻略法

★信長上司にはどんな小さなウソもご法度！
★信長上司には常に正直者でいるのがベスト
★信長上司の知らないことを、知ったかぶりしない！
★信長上司にはセンスオシより、「一流オシ」が正解！

信長同僚の攻略法

★信長同僚には自分の「1番得意」をアピるのがポイント！
★信長同僚への反対意見は、否定ではなく「改善策を提案」せよ！

信長部下の攻略法

★信長部下には上から目線の命令口調はNG！

★信長部下には「重いノルマ」を課すと、逆にやる気アップ！

信長客の攻略法

★信長客が来店したら「主導権」を握らせる！

★信長客の「使用目的」を尋ねてニーズに寄り添う！

信長夫の攻略法

★信長夫には愚痴より相談！

★信長夫には感情論より理論！

信長妻の攻略法

★信長妻と言い争っても100%勝ち目なし！

★信長妻と「条件交渉」すれば、おせっかいがスッと収まる

信長息子の攻略法

★信長息子に常套句をふりかざすと「バカ親」認定！

★信長息子の意見には反論があっても、まず「いいね」！

信長姑の攻略法

★信長姑の贈りものへのお礼は即日必至！

★信長姑のありがた迷惑なおもてなし料理は進んでお持ち帰り！

信長友人の攻略法

★信長友人とケンカしたら、即謝る！

★信長友人には「マウントをとらせてあげる」のが正解！

信長彼氏の攻略法

★信長彼氏にはどんな小さな裏切りもご法度！

★信長彼氏には積極的にデート提案を！

信長彼女の攻略法

★信長彼女の前では絶対に「人のせい」にしない！
★信長彼女と円満な関係を保つ秘訣は「共通目的」を持つこと。

信長ママ友の攻略法

★信長ママ友を否定するネガティブ意見はＮＧ！
★信長ママ友には「ヨイショ」とポジティブ提案が効く！

信長ご近所さんの攻略法

★信長ご近所さんを無視すると、逆に目を付けられる！
★信長ご近所さんに常に敬意を示すと、頼もしい味方に！

おわりに――信長をどんどん味方につけよう！

「信長がめちゃ苦手だったけど、これからはうまく対処できそうな気がしてきた」
「ブラック信長がホワイト信長にチェンジすれば、すごく頼りになるよね」
「信長って、対応さえ間違えなければ、実は結構いいヤツだな。嫌いじゃないかも！」

本書をお読みになって、自分の周りのオレ様信長たちに対する意識がこんな風に変わったとしたら、しめたものです！

今までみなさんが信長のことを目の上のたんこぶのように感じていたのは、単に信長の扱い方を間違えていたからに過ぎないのです。

でも、『オレ様信長のトリセツ』を読破されたみなさんなら、もう大丈夫！

苦手だったはずの信長と上手に渡り合えるようになれば、嫌悪感もスーッと魔法のように消えてなくなります。

信長のことを理解して尊重すれば、信長もあなたを尊重してくれるようになります。それによって、今までのマイナスの関係性が、プラスの関係性に劇的に変化するのを身をもって実感するはずです。

そう、「最恐の敵」が、「最強の味方」になるのです！


さあ、今まで敵として恐れていた信長たちを、どんどん味方につけましょう。

パワハラ、モラハラ、いじめ――もし、あなたの周囲で信長対策に困っている人がいたら、ぜひ信長攻略術を教えてあげてください。

本書で紹介している信長攻略のテクニックは、例えば上司を学校の先生や先輩に当てはめるなど、さまざまなケースに応用できるので、ぜひどんどん活用してください。

ひとりでも多くの方が、人間関係の悩みから解放されることを願ってやみません。

井上由美（いのうえ・ゆみ）

フォートロジスト。株式会社オードリーコーポレーション代表取締役。一般社団法人国際ライセンスマネージメント機構代表理事。コアマネージメントエグゼクティブトレーナー。米国NLP™協会認定トレーナー。LABプロファイルプラクティショナー。化粧品メーカー・生命保険相互会社・自動車メーカー・ブライダル会社などの人材育成やコンサルタントに携わる。著書に『相手を思いどおりに操る4つの力 苦手な人を消してしまえる禁断の気質学』（サンクチュアリ出版）がある。

攻撃がピタッとなくなる！

オレ様信長のトリセツ

2020年3月26日　第1刷発行

著者	井上由美
発行者	土井尚道
発行所	株式会社飛鳥新社 〒101-0003 東京都千代田区一ツ橋2-4-3 光文恒産ビル 電話 03-3263-7770（営業） 03-3263-7773（編集） http://www.asukashinsha.co.jp
印刷・製本	中央精版印刷株式会社
ブックデザイン	小口翔平＋喜來詩織＋永井里美（tobufune）
イラスト	あべさん
DTP	アド・クレール
校正	円水社
編集協力	轡田早月
編集担当	内田 威

Printed in Japan ISBN978-4-86410-731-0